Fin a la Violencia Domestica

DE LA OSCURIDAD A LA LUZ

ELIZABETH RECIO

Copyright © 2023 Elizabeth Recio
Todos los derechos reservados
Queda rigurosamente prohibida, sin la autorización escrita del autor del copyright, bajo las sanciones establecidas por la ley cualquier forma de reproducción, distribución, comunicación pública o transformación de esta obra.

ISBN: Independently published

DEDICATORIA

Dedico este libro con todo mi corazón y amor a Dios por haberme creado. A mis queridos padres, Andres y Altagracia, por el amor y la guia que me han ofrecido a lo largo de mi vida. La bendición y las oraciones que mi querida madre hace a diario por mi, me protegen y me llevan por el camino del bien. Gracias a mi madre por enseñarme el camino y el amor hacia Dios.

Gracias a mi padre por ser un hombre tan humilde y trabajador. Gracias, por sus consejos y por su apoyo económico cuando más lo he necesitado. Gracias a él nací en la ciudad de Nueva York, una ciudad llena de oportunidades.

Gracias al tesoro más grande que Dios me regaló, a mis 3 hijos, Jeannette, Jean Carlos y Jason. Los amo con todo mi corazón y siempre le pido a Dios para que los proteja en cada momento de sus vidas y que los libre de todo mal.

A mis queridos nietos que los amo con todo mi corazón, soy una abuela feliz y bendecida por tenerlos en mi vida. Que Dios los cuide y me conceda buena salud para seguir disfrutando de ellos.

A mis queridas hermanas, Nilsa y Jasmine que siempre me han brindado un amor incondicional, siempre han estado conmigo en los momentos felices, como en los momentos más difíciles de mi vida. Gracias, a mis hermanas por comprenderme y siempre apoyarme cuando más lo he necesitado.

Gracias a mis padres y abuelos, porque gracias a ellos soy una mujer con principios y valores.

También, dedico este libro a mi hermandad y a las madrinas que he tenido en unos programas anónimos que me ayudaron a transformar mi vida. A través de Dios y de esos programas anónimos descubrí la mujer que soy hoy en dia.

CONTENIDO

AGRADECIMIENTO 1

INTRODUCCION 3

CAPÍTULO 1: VIOLENCIA DOMESTICA DE PAREJA............ 5

CAPÍTULO 2: LA ACEPTACION.. 21

CAPÍTULO 3: EL AUTOESTIMA... 25

CAPÍTULO 4: LA SALUD MENTAL, FÍSICA Y ESPIRITUAL 28

CAPÍTULO 5: LAS ADICCIONES... 35

CAPÍTULO 6: COMER COMPULSIVAMENTE..................... 37

CAPÍTULO 7: EL AMOR PROPIO 41

CAPÍTULO 8: VIVIR CON UN NARCISISTA 43

CAPÍTULO 9: LA CULPA Y EL MIEDO 47

CAPÍTULO 10: EL PERDÓN Y EL RESENTIMIENTO 51

CAPÍTULO 11: LA ORACIÓN, LA FE Y LA ESPERANZA.... 55

CAPÍTULO 12: CRECIMIENTO PERSONAL Y LA GRATITUD 57

CAPÍTULO 13: MI NIÑA INTERIOR 63

CAPÍTULO 14: PERLA DE DIOS... 67

CAPÍTULO 15: LOS PADRES.. 71

CAPÍTULO 16: LOS HIJOS 75

SOBRE LA AUTORA... 79

AGRADECIMIENTO

Le agradezco a Dios por su presencia en mi vida, por hablarme y mostrarme cuan grande es su amor hacia mi. Gracias a Dios, que me sacó de la oscuridad a la luz. Gracias a Dios, por haberme elegido para realizar uno de mis sueños, que era el de escribir este libro para contar mi historia y así poder ayudar a otras mujeres.

Agradezco a toda mi bella familia que día a día me brindan su apoyo y su amor incondicional.

Agradezco a todos los ángeles que Dios de una manera u otra ha puesto en mi camino, ya sea a través de un consejo, de un curso, de un libro, de mis hermanos/as de la iglesia, que me han ayudado en mi crecimiento personal y espiritual.

También agradezco a todas las personas que creyeron en mí, cuando aun no creía en mí misma y me quisieron cuando aun no me quería a mi misma.

INTRODUCCION

A ti maravillosa mujer que has tomado este libro en tus manos, quiero que sepas que no estás sola y que hay una luz al final del túnel.

Si crees que no puedes salir de una relación abusiva, dejame decirte que si puedes, si yo lo logré tú también lo podrás lograr.

En este libro te voy a compartir mis experiencias, fortalezas y esperanzas que me ayudaron a salir de una relación abusiva y mejorar mi crecimiento personal. Cada día es una nueva oportunidad para un nuevo comienzo, porque eres una perla de Dios, mereces ser feliz, amada y respetada. Y en este libro te voy a enseñar como yo salí de la oscuridad a la luz. Te voy a compartir herramientas, ejercicios, afirmaciones y hábitos que si los pones en práctica tu vida va a cambiar un 100%.

Además, el objetivo de este libro es mostrarte como puedes poner fin a una relación tóxica. También vas a reconocer las señales de una relación abusiva y cómo alejarte de una situación peligrosa.

Recuerda que en el mundo en que vivimos a veces parece que nadie nos comprende, pero en este libro empezarás tu camino hacia la luz.

CAPÍTULO 1

VIOLENCIA DOMESTICA DE PAREJA

La violencia de pareja se refiere al comportamiento de la pareja o ex pareja que causa daño fisico, abuso sexual, maltrato psicologico o conductas de control.

La violencia doméstica no discrimina. Personas de cualquier raza, edad, género, sexualidad, religión, nivel de estudio pueden ser víctimas de violencia doméstica. Esto incluye conductas que causan daño físico, intimidan, manipulan o controlan a una pareja, o que de otro modo la obligan a comportarse de ciertas maneras, incluso a través de violencia física, amenazas, abuso emocional o control financiero. La violencia doméstica causa estragos en nuestras relaciones, en nuestra familia, dañan nuestra autoestima y paz mental.

En 1984 yo vivía en la República Dominicana y a mis 14 años, me escapé con un joven que tenía 24 años. A las dos semanas de haberme escapado me casé por lo Civil, claro mis padres tuvieron que firmar para que me casara porque yo era menor de edad.

Me casé con una persona 10 años mayor que yo, quizás por esa razón creía que tenía autoridad sobre mí y que podía hacer conmigo lo que quisiera. Por otro lado quizás yo vi en esa persona una relación paterna, ya que yo tenía heridas de abandono, que yo no había sanado.

Antes que yo sanara mis heridas emocionales, yo solo le echaba la culpa al agresor por haberme escapado a mis 14 años. Luego, reconocí que nadie me obligó a que me escapara, que yo también había tomado esa decisión.

¿Por qué me escapé aun siendo una adolesente? porque me iban a regresar a los Estados Unidos y unos días antes me escapé, porque como estaba tan enamorada, acepté.

Algunas señales de comportamientos abusivos que empecé a experimentar fueron los siguientes:

- Empezó a compararme con otras mujeres.

- Abuso físico y mental delante de otras personas.

- Ofensas, humillaciones, palabras ofensivas y abuso verbal.

- Amenazas que si me divorciaba, a mi nadie me iba a querer con 3 hijos.

- Cuando esa persona tomaba alcohol era cuando mas violento se ponia, porque yo me negaba a tener relaciones sexuales.

- Casi nunca viajamos juntos y cuando viajaba solo siempre había peleas, porque pensaba que me iba a ser infiel con otras mujeres.

- Después que pasaba el maltrato físico y mental, actuaba como si nada hubiera pasado, como si no se acordara de nada de lo que había pasado.

Recuerda que cuanto más tiempo permanezcas en una relación abusiva, mayores serán las consecuencias físicas, mentales y emocionales. Podrías sufrir de depresión, ansiedad y hasta pensar en el suicidio.

¿POR QUÉ LAS PERSONAS ABUSAN?

Las personas abusivas creen que tienen derecho a controlar la vida de su pareja, a menudo creen que sus propios sentimientos y necesidades deben ser la prioridad en la relación o porque disfrutan ejerciendo el poder que les otorga el abuso. Algunas personas ven el abuso en sus propias familias, otros lo aprenden con sus amigos, por la manera en que fueron criados o por la sociedad. No importa donde desarrollen esos comportamientos, aquellos que cometen actos abusivos toman la decisión de hacerlo, cuando también tienen la opción de evitarlo. Todos tenemos libre albedrío, que nos da la libertad tanto para hacer el bien como para hacer el mal, tu decides. Existen otros factores externos, como la adicción a las drogas, el alcohol, la comida, que pueden intensificar el abuso.

Mi agresor tomaba mucho y yo en cambio usaba la comida para anestesiar mis emociones, sufrimientos y pensamientos. Me volví adicta a la comida.

En mi experiencia desde mis 14 años empecé a notar banderas rojas de que me había casado con una persona abusiva. A mis 17 años empecé a experimentar el abuso físico, mental y emocional. Al principio de mi relación estaba muy ilusionada y todo era color de rosa. Era muy joven, no sabía lo que era el abuso físico y mental, mucho menos de cómo me afectaría mi vida. Las conductas abusivas no surgieron de la noche a la mañana, sino a medida que la relación iba progresando y formábamos una familia.

Mujer, ¿Estás en una relación abusiva o pasando por situaciones difíciles con tu pareja, con tu familia o con tus amigos? ¿Les has expresado tu sentir a esa persona y esa persona se mantiene igual contigo? ¿Te desgastas a ti misma porque estás dando el todo y ya no aguantas más?

A ti que estás luchando día tras días por salvar esa relación y ves que a esa persona le da lo mismo, eso quiere decir que eres tú la que debes cambiar y tomar decisiones para que puedas vivir la vida que tu te mereces.

Si quieres ver cambios y ser feliz debes empezar por ti, creer en ti y sanar tus heridas emocionales. No puedes seguir en relaciones que te hagan daño, no puedes seguir haciendo lo mismo esperando resultados diferentes.

¿Te sientes culpable por las acciones del otro? o empiezas a castigarte a ti misma, dejandote para un lado, sintiéndote culpable de todo lo que pasa, quizás quedándote acostada.

¿Te has preguntado si puedes tú controlar las acciones del otro?

¿Te has preguntado quién cuida de ti?

¿Te has preguntado qué mereces tú?

De ahora en adelante tú tienes el poder de decidir cómo y con quien quieres vivir tu vida. Es tu elección, tu eliges.

Recuerda que tu eres tu prioridad y mereces ser feliz.

¿POR QUÉ LAS PERSONAS PERMANECEN EN RELACIONES TÓXICAS?

Terminar una relación abusiva no es tan fácil como simplemente marcharse, se necesita mucho valor para ponerle fin a una relación tóxica. El abuso tiene que ver con mantener el poder y el control, y cuando el sobreviviente abandona su relación abusiva, amenaza el poder y el control que su pareja ha establecido sobre la voluntad del sobreviviente, lo cual puede provocar momentos de peligro para los sobrevivientes del abuso.

Algunas de las razones por las cuales las personas permanecen en relaciones abusivas incluyen:

Miedo - A quedar sola, especialmente cuando hay hijos pequeños, temor de las acciones del agresor o que le preocupe su capacidad para ser independiente.

Abuso Normalizado - Cuando alguien crece en un entorno donde el abuso es común y que no sepa que es una relación saludable.

Vergüenza - Puede ser difícil alguien admitir que está siendo abusada, a veces sienten que hasta se merecen el abuso.

Intimidación - Puede ser que la pareja siga en la relación mediante amenazas verbales o físicas o amenazas de detalles confidenciales que hayan hecho en la relación.

Baja Autoestima - Después de ser sometidas al abuso verbal o de ser culpados por el abuso físico, puede ser fácil que los sobrevivientes crean lo que se les ha dicho y también que tienen la culpa de los comportamientos abusivos de su pareja.

Falta de recursos - A veces hay personas que dependen económicamente de su pareja abusiva o que se les haya negado la oportunidad de trabajar.

Discapacidad - Si alguien depende de otra persona para recibir apoyo físico. Si la otra persona tiene una discapacidad, la falta de alternativas de apoyo evidentes puede influir mucho en su decisión de permanecer en una relación abusiva.

Estatus Migratorio - Las personas indocumentadas podrían temer a denunciar el abuso y pudiera afectar su estatus migratorio.

Contexto Cultural - Las costumbres o creencias tradicionales pueden influir en la decisión de una persona de permanecer en una situación de abuso.

Por los Niños - Muchos sobrevivientes pueden sentirse culpables o responsables de alterar su unidad familiar. El abusador puede usar como táctica a los hijos para hacer que la otra persona se sienta culpable y se quede.

Amor - Muchas veces los sobrevivientes todavía tienen sentimientos íntimos y fuertes hacia su pareja y tiene la esperanza de que cambien.

En mi experiencia mi relación se tornó en un círculo vicioso, del cual se me hizo bien difícil salir. Durante los 16 años que estuve casada, no puedo ni siquiera contar cuantas veces decidía terminar la relación, la dejaba y al poco tiempo regresaba. Siempre se me prometía que iba a cambiar y yo le creía, algunas veces cambiaba en algunas cosas pero en poco tiempo continuaba el abuso y cuando eso pasaba me sentía peor porque me sentía culpable, por haber regresado. Luego venía el remordimiento y la culpa del por qué había regresado si siempre pasaba lo mismo.

Yo volvía porque lo quería y yo crecí con muchas creencias limitantes, algunas de ellas eran que "al hombre que yo me entregara por primera vez con ese tenía que permanecer hasta que la muerte nos separara" y "que el primer amor es para siempre".

En ocasiones tuve mucho miedo de no poder mantenerme a mí y a mis 3 hijos.

Me preguntaba, Si me dejo de él ¿Cómo voy a mantener a mis 3 hijos? ¿Me ira alcanzar mi cheque para los gastos de la casa? Además no quería que mis hijos crecieran con un padrastro.

También, pensaba en qué dirían las personas, ya que en ese tiempo me importaba mucho las opiniones de los demás y tenía miedo de cómo iba a reaccionar el agresor. Hay personas que me decían que yo pasaba por ese abuso porque yo era demasiada celosa, con esos comentarios y con mi baja autoestima me hacían dudar de mis emociones. Otras creencias limitantes que yo tenía eran que "los niños tenían que crecer junto a su padre" y que "no iba a poder mantener a mis hijos yo sola".

Aunque yo tenía una pareja, me sentía muy sola y sentía un gran vacío. Porque buscaba el amor que yo no me tenía a mi misma en otra persona.

Cuando sueltas una relación abusiva, te empiezas a querer, dejas de apagarte y empiezas a encender tu luz interior, iluminaras y brillarás siempre.

¿CÓMO DOCUMENTAR EL ABUSO?

Es muy importante documentar las señales de alerta de abuso desde el noviazgo, te ayudará a proporcionar pruebas del comportamiento de tu pareja si alguna vez lo necesita por razones legales. Para algunas sobrevivientes, simplemente puede ser útil para validar su experiencia y procesar emociones complejas.

Algunas formas de documentar el abuso incluyen:

- Anotar lo que expresó usted, su pareja o cualquier otro testigo antes, durante y después del abuso.

- Registrar las fechas, horas, descripciones de los incidentes. Describir la escena exactamente como sucedieron las cosas, si rompieron muebles o artículos, tome fotografías de los daños.

- Obtener atención médica, incluso cuando no haya lesiones visibles, especialmente si hay alguna marca o herida en tu cuerpo.

- Presentar un informe a la policía y la corte de familia.

- Imprimir correos electrónicos, mensajes de texto, registros de llamadas.

- Imprimir capturas de pantallas de publicaciones en redes sociales, grabar mensajes de voz abusivos.

- Asegúrese de que toda su documentación esté guardada en un lugar al que el agresor no tenga acceso.

Tener todo eso que les acabo de mencionar es muy importante por si algún día sea necesario denunciar al agresor.

Mujer, es imposible no sentir miedo cuando ves en las noticias un caso de un feminicidio, no decir "si fuera yo", "si esto me pasa a mi", o "podría ser yo la próxima". Las víctimas de violencia cuando ven esas noticias empiezan a experimentar todos los síntomas propios del estrés post trauma como la ansiedad, ataques de pánico, dolor en el pecho, insomnio, esto es muy común que ocurra.

Entonces en esos momentos es recomendable hacer lo siguiente:

Primero, detente, respira, haz el ejercicio de relajación llamado 911.

911 significa contar 9 segundos inhalando por la nariz y 11 segundos exhalando por la boca, es decir 9 segundos tomando aire por la nariz y 11 segundos votandolo por la boca.

Empieza a elaborar un plan que signifique el tu sentirte segura. Es importante que vayas a terapia y que contactes a tu terapeuta para recibir el apoyo emocional que necesitas.

En los años que yo viví en esa relación no tenía ninguna de esta información que les acabo de compartir y no existía tanta tecnología, ni tanta información sobre la violencia doméstica. Eso era algo de lo que no se hablaba, muy pocas personas sabían lo que yo estaba pasando. Por muchos años aparentaba ser feliz cuando en realidad vivía un infierno en mi propia casa. Muchas veces yo deseaba estar más en mi trabajo que en mi propia casa. También no quería ni que llegaran los fines de semanas porque no sabía cómo iban a terminar.

Un día cuando no aguantaba más el abuso, llamé a la policía y tuve que ir a la corte de familia a buscar una orden de protección porque temía por mi vida y la de mis hijos. El abuso físico también lo experimenté estando embarazada. Les confieso que cuando empezaba el abuso físico yo también me defendía. Cuando eso pasaba me daba mucho miedo porque el hombre siempre tiene más fuerza que una mujer. Yo veía en sus ojos que se transformaba como en otra persona, lleno de odio y rabia.

Mujer, no esperes que sea demasiado tarde para terminar una relación abusiva, tu vales mucho.

Tenemos derecho a sentirnos seguras, amadas y respetadas en una relación. Por favor, si vives en una relación abusiva busca ayuda, no estás sola.

Recuerda, el amor no duele, ni lastima.

SOLTAR RELACIONES TÓXICAS

Terminar una relación a veces no es porque no quieras a la persona, es porque me di cuenta que esa persona no puede darme lo que yo necesito y no sería justo exigir que cumpla mis expectativas. Como también no es justo para mi permanecer en un lugar en donde no recibo lo que necesito. Te quiero y me quiero, por eso dejo ir, no desde el enojo o el resentimiento sino desde el cuidado y la ternura, porque ambos merecemos lugares que nos ayuden a crecer y en este momento no podemos ser eso: el uno para el otro.

Consejos para terminar una relación tóxica:

- Intenta alejarte de la persona que insiste en mantener la relación tóxica.
- Haz perder el poder que la persona tiene sobre ti.
- Aprovecha este tiempo para conocerte más a ti misma.
- Busca ayuda.

Respóndete con sinceridad, ¿Por qué sigo soportando esta relación? Realmente es por cariño, amor o solo por costumbre?

Las relaciones no necesitan durar para siempre para cumplir su propósito. Algunas personas solo van a acompañarte una parte de tu camino. El dejar ir también es dejar entrar, hacer espacio para algo nuevo.

Dejar una relación abusiva no siempre te va a otorgar una felicidad inmediata, necesitas sanar para no volver a caer en otra relación tóxica. Solo cuando te ames de nuevo estarás preparada para otra relación.

Siempre recuerda lo siguiente:

> Quien te quiere de verdad
> No te hiere,
> No te miente, no te usa,
> No te traiciona porque antes.
> Incluso de amarte
> TE RESPETA

CAPÍTULO 2

LA ACEPTACION

LO QUE NO SE "ACEPTA", NO SE "SANA"

El primer paso para superar una situación o realidad es aceptarla. Si deseas superarte, sanarte y transformar tu vida tienes que trabajar en ti, empieza hoy. La aceptación es la capacidad para aceptar la realidad por parte de una persona. Es un proceso de adaptacion, que conlleva asumir que hay personas que no podemos cambiar y hay que asumirlos como son. Céntrate únicamente en aquello que puedes cambiar, a ti misma.

Si no acepto una determinada herida emocional, situación, vacio o enfermedad no podria sanarlo, trabajarlo ni superarlo. Esto implica la aceptación de nosotras mismas, de nuestra historia, de nuestras familias, fortalezas, cualidades, talentos y virtudes.

Muchas veces nos sentimos infelices a causa de situaciones sobre las que no temenos control. Acéptalos, no te lo tomes como algo personal y sigue adelante.

Aqui te comparto algunas recomendaciones sobre la aceptación:

- Aceptate tal y como eres, jamás te compares con nadie, eres única.

- Acepta que eres un ser humano con fortalezas y debilidades que nadie es perfecto.

- Perdonate, sé compasiva contigo misma.

- Limpia tu entorno, deshazte de lo que ya no te sirve, suelta, confía, nuevas personas y cosas llegarán a tu vida.

- Di "no" cuando lo sientas así, sin sentirte mal y no te sientas obligado a dar explicaciones.

- Celebra tus victorias, siéntete orgullosa por tus logros.

Regalate momentos para ti, haz aquello que te haga feliz, porque te lo mereces.

Preguntas de reflexión personal hacia la aceptación:

1 ¿Que no aceptas de ti: de tu historia, aspecto físico, personalidad, carácter, conducta, sexualidad, etc?

2. ¿Hay algún hecho "traumático", especialmente doloroso y vergonzoso que rechazas, niegas o evades del pasado?

3. ¿Qué páginas o capítulos de tu historia desearías que nunca hayan existido?

4. ¿Que no aceptas de tu familia?

5. ¿Rechazas, niegas, a tus padres, hermanos?

6. ¿Que no aceptas, de tu padre; o es a tu padre mismo a quien no aceptas? ¿Por qué?

7. ¿Que no aceptas de tu madre; o es a tu madre quien no aceptas? ¿Por qué?

8. ¿Existe alguna situación familiar que te cueste reconocer, te avergüence, duela y arranque lágrimas de sangre, lamentación? ¿Por qué?

CAPÍTULO 3
EL AUTOESTIMA

Todas, consciente o inconscientemente, tenemos una valoración y percepción de nosotras mismas. Muchas veces estas se van configurando en nuestra infancia pero también a través de las experiencias de la vida. A veces el contacto y relación con los padres y hermanos, fuimos sacando conclusiones, más o menos sanas o enfermas, de lo que "somos" y "valemos".

A continuación te comparto síntomas que revelan una autoestima "no-sana": los celos, la envidia, la autocrítica, la auto-culpabilidad, la sensibilidad a la crítica, el deseo excesivo de complacer a los demás, el orgullo, la indecisión, ser conformistas y tendencias suicidas.

¿Cómo mejorar tu autoestima?

- Busca y encuentra el origen de tu baja autoestima.

- Perdonate a ti misma.

- Convierte tus pensamientos negativos en pensamientos positivos.

- Identifica tus fortalezas.

Mi autoestima era tan baja que yo solía tenerle envidia a otras mujeres especialmente cuando tenían sus cuerpos bonitos. Pero esa envidia la sentía por mis propias inseguridades y mi baja autoestima.

Al experimentar tanta infidelidad me convertí en una mujer extremadamente celosa. Me convertí en una agente de investigación, porque le chequeaba la cartera y su closet porque no le tenía confianza. Cuando yo encontraba algo y le reclamaba, me decía "sigue buscando que vas a seguir encontrando".

Llegué a un punto en donde ya nos invitaban a una fiesta y yo prefería no ir, porque siempre salimos peleados.

Casi toda mi vida fui la mayor crítica hacia mi misma. Me miraba al espejo y me decía cosas muy negativas porque nunca estaba conforme con mi cuerpo y me llegué a creer todas esas mentiras que mi agresor me decía.

Debido a mi baja autoestima siempre fui muy sensible a las críticas hacia mi, porque antes me afectaba mucho lo que otras personas pensaban de mí. Especialmente, como siempre, había tenido una mala relación con la comida, siempre encontraba personas que me hacían comentarios sobre mi peso.

Fui una persona muy insegura, me costaba mucho creer en mí y en tomar decisiones. Siempre me preocupaba más por los demás y trataba de complacer a todo el mundo, antes que a mi. Yo vivía mi vida tan infeliz que yo tenía una creencia limitante de que las cosas nunca iban a cambiar.

Era tan negativa que cuando las cosas iban bien, siempre decía algo iba a pasar y cuando sonreía decía algo va a pasar para borrar esta sonrisa de mi cara. He aprendido a decir "NO" cuando así lo desee o cuando me inviten a algún lugar tengo derecho a decidir si deseo ir o no, antes me iba simplemente por complacer a los demás. He aprendido que mi prioridad es estar bien conmigo misma y que mi felicidad depende de mí. No tengo que buscar el amor en otras personas y primero tenía que quererme a mi misma, para poder querer a otra persona.

Aprendí a tomar responsabilidades de mis actos y cuando cometo un error lo admito y lo enmendó antes de que finalice el día, así evito guardar resentimiento. Aprendí que una experiencia sea mala o buena me deja un aprendizaje.

A medida que fui trabajando en mis heridas emocionales me siento una mujer más feliz, más segura de mi misma y con mucha paz.

No permitas que tu pasado determine tu futuro. De hoy en adelante eres la protagonista de tu propia vida.

CAPÍTULO 4

LA SALUD MENTAL, FÍSICA Y ESPIRITUAL

La salud mental, física y espiritual influye mucho en nuestro estado de ánimo. En ocasiones se siente un gran vacío, se siente uno perdido, sin rumbo, sin sueños y sin ilusiones. Muchas personas nos sentimos en un "aguero negro" del que no sabemos por donde salir pero debemos marcar un objetivo, aunque sea pequeño, le dara sentido a nuestra vida y sera ese impulso que necesitas para levantarte de la cama y llenarte de fe y esperanzas.

Ejemplo: Puedes salir a correr media hora 3 veces a la semana, salir a caminar o hacer contacto con la naturaleza, etc.

Si sientes que tu corazón te habla a través de una necesidad que te dice que hagas algo, escuchala, ignorarlo solo hará tu vida un poco más gris, en cambio escucharla, le dará magia a tu vida y aparecerá la luz en donde solo había oscuridad.

A continuación te comparto herramientas para fortalecer tu salud mental. ¿Qué debes hacer?

1. Recordarte y hablarte a ti misma que todo está bien, que estás a salvo y que lo que sientes en este momento no es permanente.

2. Cambia tu rutina y los comportamientos que te estén afectando tu salud mental.

3. Escribir a diario, eso te ayudará a identificar y comprender tus emociones y tus pensamientos y las razones del porque te sientes así.

4. No te culpes, por sentirte como te sientes. Sé buena, paciente y amable contigo misma.

5. Recuerda todas las cosas que has superado hasta ahora y recordarás que eres lo suficientemente fuerte como para superar lo que estás pasando.

6. Buscar apoyo de tus seres queridos, te aseguro que no estás molestando a nadie y que ellos con mucho gusto te ayudarán, porque mereces amor y ayuda si lo necesitas.

7. Está bien buscar ayuda profesional.

8. Encuentra un trabajo que te guste. Es normal sentirse vacío cuando trabajas en un lugar que odias o te desagrada. La clave es trabajar en un lugar en el que sientas que se te valora como mereces.

Yo duré muchos años de mi vida sumergida en una tremenda depresión, tenía mucha ansiedad y pensamientos suicidas. Siempre pensaba en tomarme un frasco de pastillas entero y no volver a despertar, gracias a Dios que nunca llegue a hacerlo. Inclusive tenía una nota suicida escrita para mis familiares, que por medio de servir en un retiro espiritual pude deshacerme de ella y quemarla.

Desde que yo salí embarazada de mi primera hija empecé a sufrir de depresión, ansiedad y según pasaron los años fui empeorando, tuve muchos pensamientos suicidas. Yo me paraba en los puentes de la ciudad de Nueva York con el pensamiento de lanzarse del puente y en las estaciones del tren pensaba en lanzarme cuando pasara el tren, pero algo me decía echa para atrás y sigue caminando. Y cuando tenía esos pensamientos de tomarme un frasco de pastillas, pensaba en mis nietos, mis padres, en mis hijos y en mis hermanas, en el dolor que les causaría.

Tuve que dejar de manejar por muchos años porque temía chocar con alguien porque mis nervios estaban destrozados y me sentía muy temblorosa. Tuve que dejar mi trabajo después de trabajar 23 años para el Departamento de Educación de la ciudad Nueva York. Me faltaban 7 años para retirarme pero mi depresión era tan fuerte que pensaba que iba a perder mi memoria. Yo fui secretaria de dos escuelas y tenía muchas responsabilidades y llegue a punto que estaba tan mal de mi mente que no podía ni siquiera anotar un mensaje, me mandaban a reuniones y no se me grababa nada. No podía concentrarme, me sentía todo el tiempo confundida, me sentía inutil, sentía como si el mundo se me estuviera cayendo encima.

Me daban crisis nerviosas en el trabajo, agarraba mi cartera y me iba llorando hacia mi casa, me medicaba y me acostaba a dormir. Dios en los momentos más difíciles siempre ponía ángeles en mi camino. Recuerdo un dia estaba parada en el puente de George Washington en Nueva York y vi un letrero con informacion sobre el suicidio, senti que ese era Dios hablandome en ese momento de desespero y angustia por el que yo estaba pasando.

Mis nietos también sufrieron mucho porque siempre me veían en mi habitación llorando y ellos me tocaban la puerta, me ponían notas debajo de la puerta diciéndome "Mamá te quiero mucho", y me dibujaban corazones y dibujos de ellos caminando conmigo, y eso me partía el alma, porque yo también les estaba haciendo mucho daño a ellos. Yo no quería estar deprimida, ni tener pensamientos suicidas, pero yo estaba muy mal.

Un día estaba tan mal que yo misma fui a emergencia porque yo no me sentía segura conmigo misma, ahí fui ingresada en un hospital psiquiátrico por 10 días. Fue la experiencia más dolorosa que yo había experimentado en toda mi vida, porque yo sabia que yo estaba mal y que necesitaba mucha ayuda psicológica pero nunca me imaginé que me iban a poner con mujeres con problemas mentales más serios que los míos. Pero hoy en día, doy gracias a esos días que pasé ahí, porque me ayudaron a tomar decisiones de mi vida que eran necesarias para poder salvar mi salud mental.

Te recomiendo que te rodees de personas que sean buenas para tu salud mental, que te sumen a tu vida no que te resten, que te ayuden a crecer, vean lo bueno en ti y respeten tus puntos de vista.

MEDICAMENTOS Y TERAPIAS

Para mi han sido necesarias las dos cosas, los medicamentos y mucha terapia. Otras herramientas importantes que necesite para mejorar mi salud mental han sido el confiar en Dios, de una manera que nunca había confiado y de tener una relación con Él, y de ser agradecida con todo lo que tengo.

Para yo estar donde me encuentro en este momento de mi vida ha sido necesario un equipo de personas para poder establecer mi salud mental, emocional y espiritual, ha valido la pena.

Te comparto este bello versículo de la Biblia que me encanta:

¡No te rindas! ¡Espera en Dios! Porque los que esperan en Dios tendrán nuevas fuerzas; levantarán alas como las aguilas; correran y no se cansaran; caminaran y no se fatigarán

(Isaias 40:31)

CAPÍTULO 5

LAS ADICCIONES

Una adicción es una enfermedad crónica y recurrente del cerebro. Está basada en la búsqueda del alivio a través del consumo o uso de sustancias u otras conductas similares.

Aquí les comparto las señales más comunes en la mayoría de casos de adicción:

- Pérdida de control del uso, con episodios de uso compulsivo que afectan la vida en general de la persona

- Estado de ánimo triste

- Irritabilidad

- Deterioro de la calidad de vida

- Negación o autoengaño

- Ansiedad

- Obsesión

- Inquietud o preocupación excesiva

- Insomnio o dormir demasiado

- Sentimiento de culpabilidad

Las parejas abusivas a menudo culpan de su comportamiento a las drogas o el alcohol para evitar responsabilizarse por sus acciones o para ocultar las verdaderas razones del abuso. Las drogas y el alcohol afectan el juicio y el comportamiento de una persona, nunca justifican el abuso.

Las excusas más comunes que usan las parejas abusivas para justificar su comportamiento incluyen:

"Estaba borracho, no lo decía en serio o no sabía lo que hacía"

"Sobrio nunca haría esto"

"Ese no soy yo, el alcohol me convierte en una persona completamente diferente"

"Es que me haces perder la paciencia"

Muchas personas en situaciones de abuso utilizan drogas, alcohol, la comida para hacer frente a los síntomas del trauma.

CAPÍTULO 6

COMER COMPULSIVAMENTE

El comer compulsivamente es una enfermedad que nos afecta física, emocional y espiritualmente. Muchas personas no saben, pero comer compulsivamente es una enfermedad.

Desde que yo salí embarazada de mi primera hija empecé a tener obsesión por la comida y a comer compulsivamente. Yo crecí escuchando creencias limitantes que decía "estás comiendo por dos", "puedes comer lo que quieras estás embarazada", pero, que caro me costaron esas creencias. Yo recuerdo que yo mandaba a comprar 3 chocolates y me los comía todo de una sentada. Mi compulsión era cada dia mas y comía como si no hubiera un mañana. Mientras más comía más me deprimía y mientras más me deprimía, más comía.

Hace 6 años empecé a asistir a un programa anónimo donde aprendí y reconocí que padecía de esta enfermedad que es incurable a menos que uno lo reconozca y busque ayuda. Yo toda la vida la había pasado con miedo al sobrepeso ya que en mi familia hay muchas personas con sobrepeso y obesas.

Aquí te compartiré algunas de la dietas y algunas cosas que he hecho para bajar de peso:

La dieta de la piña, Atkins, Weight Watchers, tomaba pastillas que mandaba a buscar a otro país, me hice cirugías, liposucción, me inyectaba el estómago con una sustancia para controlar el apetito y muchas otras cosas. Con algunos métodos tuve resultados pero al poco tiempo subía el peso que había perdido y en ocasiones hasta subía más.

¿Cómo reconocer si eres una comedora compulsiva?

- Si, comes más de lo normal, de manera compulsiva
- Si, comes aun no teniendo hambre
- Si, te la pasas pensando en comida todo el tiempo
- Si, comes a escondidas
- Si, cuando comes algún alimento no puedes parar de comerlo
- Si, comes muy rápido y siempre tienes que servirte un segundo o tercer plato

El sufrir de esta enfermedad es frustrante porque después que uno come, viene el remordimiento, la culpa y el coraje por no poder controlar el apetito.

Un programa de doce pasos y mi madrina quien es una Coach de un maravilloso programa que se llama "Reds Go Green" me ayudaron a identificar las causas por la que tenía una mala relación con la comida. Aprendí a descubrir cómo transitar por la vida sin que la comida domine mis pensamientos o afecte mis emociones y sentimientos. El programa "Reds Go Green" me enseño a que no se trata solo de bajar de peso o de llegar a mi peso ideal sino también de cambiar todo aquello que afecta negativamente la manera en que manejo mi relación con la comida.

Cuando empecé a hacerme cirugías, una amiga me dijo "Elizabeth, te ves muy bonita pero cuando te vas hacer la cirugía del corazón" porque ella sabía que yo estaba pasando por una depresión muy fuerte y que me hacía mucha falta el amor de Dios y me invitó a un retiro spiritual

Una vez fui a la República Dominicana hacerme una liposuccion en mis muslos no le dije nada a mi madre para no preocuparla y tuve al morir porque se me formó un hematoma y al día siguiente de la liposucción tuvieron que ingresarme a la sala de cirugías para hacerme un procedimiento y ahí yo sentí que la vida me había vuelto a dar otra oportunidad. Estas adicciones cuando son muy severas se convierten en una obsesión.

Recuerden no estámos solas, hay otras personas que también sufrimos de trastornos alimenticios y que nos obsesionamos por la forma como se ve nuestro cuerpo. En muchas ocasiones las personas viven en negación y no reconocen que necesitan ayuda, seguirán igual y en algunos casos llegan hasta perder la vida.

El mundo te enseña tu interior para que lo modifiques y después se refleja en tu exterior. Si quieres crear un cambio en tu exterior, trabaja en tu interior. Cuando empiezas a cambiar tu interior, las cosas a tu alrededor también cambian.

SONRÍETE, QUIERETE Y VALORATE QUE ERES UNA MUJER BELLA

CAPÍTULO 7
EL AMOR PROPIO

¿Qué es el amor propio? Es amarse a sí mismo, aceptarse como eres, querer lo mejor para ti y hacer que pase. Es conocerte y aceptarte con compasión. El amor propio requiere de paciencia, esfuerzo, perseverancia y mucha dedicación porque como todo, no llega solo, se construye paso a paso y diariamente.

Aquí te comparto beneficios de tener amor propio:

- Renuncias a lo que no te hace feliz
- Te liberas de buscar la aprobación de otros
- Las personas te ven diferentes
- Tienes relaciones de calidad
- Haces las paces contigo misma
- Te aceptas como eres y te alegra saber que eres única

Cuida tu salud mental, hazte cargo de ti y de lo que tienes que resolver para estar bien, busca relaciones de calidad, rodéate de personas que sumen a tu vida y que te empujen a seguir adelante. Cuando te amas buscas lo mejor para ti y buscas sentirte bien.

Un amor sano, permitirá derrotar las voces internas que quieren evitar tu crecimiento.

Recuerda que está bien tomar un respiro, alejarte de lo que te hace mal, poner tu salud mental primero y establecer límites.

Se la mujer que nadie creyó que podrías ser. Abrazate fuerte, no te dejes vencer, algunos caminos se rompen para que otros puedan aparecer. ¡Confía!

Tu eres un diamante, una joya de "Dios" no permitas que nadie apague tu brillo ni menosprecie tu valor.

Celebra una y mil veces la maravilla de mujer que eres.

CAPÍTULO 8

VIVIR CON UN NARCISISTA

El trastorno de la personalidad narcisista es una enfermedad de salud mental en la cual las personas tienen un aire irrazonable de superioridad. La persona narcisista está completamente enamorada de sí misma y piensa que sus problemas son los más importante del mundo. Además suele sentirse superior a los demás y tiende a no escuchar o menospreciar a los demás.

Así te hace sentir un narcisista:

- Te hace sentir que te ama mientras te miente mirandote a los ojos.

- Te manipula y altera tu juicio.

- Te chantajea emocionalmente para que creas que un abuso psicológico es un acto de amor.

- Te culpa por sus errores.

- Te llena de inseguridades y dudas.

- A todos les dirá que eres la "loca" solo para desviar la atención de lo que él realmente hace.

¿Cómo es un narcisista con su pareja? Al estar centrado en sí mismo, en sus propios deseos y necesidades, no es capaz de ponerse en el lugar del otro, no reconoce los sentimientos y necesidades de los demás y es incapaz de experimentar lo que puede sentir la otra persona frente a sus ataques.

El narcisista sabe cómo llegar a tu corazón a través de tus creencias emocionales. Vas a generar un apego tan grande que si él no está contigo vas a sentir que te mueres. Darás tu vida por él. Regresas una y otra vez pues no te acostumbraste a otro tipo de amor. Todos a tu alrededor se dan cuenta de lo mal que te hace, menos tu. El no se hará responsable de todos los daños mentales que él mismo creo en ti. El vivir con un narcisista te va hacer confundir para que te desesperes y lo necesites.

La persona narcisista no siente empatía por su pareja. Las relaciones sentimentales con personas con trastorno narcisistas son difíciles. Es mejor romperlas para evitar perderse a uno mismo en ella.

Cuando hay peleas empieza uno a reclamarle, a buscarle y quizás le hagas algunas de estas preguntas: ¿Por qué estás tan diferente conmigo? ¿Qué te he hecho?¿Por qué llegas tarde? ¿Por qué cuando te llamo no me contestas? ¿Por qué ya no me llamas? Te hace sentir no valorada, que tu eres la que estas mal y empiezas a culparte.

Al tu hacerles esas preguntas y le empiezas a reclamar, le alimentas el ego y sobre todo el te va a decir "mujer me tienes cansado estás mal de la cabeza, busca ayuda"

Los golpes se podrán sanar y se curan físicamente, pero una herida emocional o vivir con un narcisista te pueden llevar hasta el borde de la depresión, ansiedad o el suicidio.

Las personas narcisistas tienen una autoimagen muy dañada y frágil, por eso sienten un gran vacio y necesitan compensar esta imagen exagerando sintiéndose superiores y grandiosos. Ellos necesitan que los demás los valoren, los reconozcan, los admiren y si esto no sucede sienten emociones de ira, de resentimiento y de venganza. También sienten envidia al darse cuenta que otra persona tiene lo que ellos no tienen. Darte cuenta de cómo son estas personalidades y cómo funcionan puede ayudarte para entender que el problema no eres tú, que el problema lo tiene esa persona narcisista, que triste y lamentablemente elige usar a los demás para llenar sus propios vacios.

Los narcisistas son muy buenos en las siguientes 7 cosas:

- Hacerte sentir muy poquita cosa.

- Arruinar cualquier ocasión especial.

- Trata mejor a extraños más que a ti.

- Dejarte siempre con ansiedad y estrés.

- Patearte y tirarte para abajo cuando no te sientes bien.

- Cambiar y darle vueltas a todo lo que dices.

- Mentir sobre absolutamente todo.

Si vives con un narcisista deseo de todo corazón que algún día tengas el valor de irte y no volver nunca más, que vayas a terapia y logres sanarte.

CAPÍTULO 9

LA CULPA Y EL MIEDO

La culpa es el sentimiento de autocondena que experimentamos tras haber hecho algo que creemos que está mal. Mantiene nuestra mente atrapada y encadenada a la autocondena y la depression.

La culpa y el miedo son considerados como hermanos gemelos, ambos igualmente negativos, que se retroalimentan el uno al otro. La culpa refuerza el miedo y el miedo refuerza la culpa. Las relaciones se sanan cuando permitimos que el perdón borre todos nuestros sentimientos de culpa y de temor.

La culpa y el miedo no pueden coexistir con el amor. Si nos aferramos a estos dos sentimientos negativos es imposible que experimentemos la paz y la presencia de Dios (o del universo). Vivir aferrados a la culpa es el modo que tiene el ego de mantenernos atrapados en el pasado y condenarnos a nosotros mismos y a los demás. Libérate de la culpa, las cosas sucedieron como tenían que suceder y si es momento de liberar algo, hazlo en este momento porque no se puede sanar lo que no se trabaja.

No soy responsable, ni culpable a las siguientes situaciones:

- hacer felices a los demás
- de las decisiones y acciones de mis seres queridos
- de las reacciones de mis seres queridos sobre mis decisiones y acciones
- a las expectativas de los demás
- arreglar todo aquello que esté roto a mi alrededor, aquello que no puedo controlar

Por muchos años yo viví culpándome de muchas cargas incluyendo culpas ajenas. Cuando yo tenía algún problema con mis hijos yo pensaba "quizás están actuando así por yo haberme divorciado" o "quizás actúan así porque no están creciendo junto a su padre".

Por lo general la culpa genera remordimiento, tristeza, amargura, enojo y frustración.

EL MIEDO

¿Qué es el miedo? Es una emoción inherente del ser humano y nos acompaña a lo largo de toda la vida. Nos ayuda a protegernos del peligro y a mantenernos alerta ante determinadas situaciones. Si lo vemos desde este punto, sentir miedo no es malo.

Pero, ¿qué tipo de miedo se convierte en un problema? Cuando el miedo te paraliza, te limita tu potencial y tu vida.

Casi toda mi vida, en la mayoría de las situaciones que tuve que atravesar, el miedo me paralizó. Se apoderó de mí y me generaba mucha angustia y ansiedad, que me impedía tomar decisiones acertadas, lo cual me llevaba a estancarme en mi "zona de confort". La única solución para superar los miedos de una manera sana y eficaz, es aceptando lo que sientes. Solo a partir de esa aceptación podrás empezar a reconocerlos, enfrentarlos y eliminarlos.

¿Por qué sentimos miedo? Puede ser por experiencias pasadas, que conllevan decepción, inseguridad o recelos. Baja autoestima o falta de confianza en uno mismo y en los demás.

¿Cómo superar los miedos? Para empezar debes aceptarlo, reconocerlo, enfrentarlo y vencerlo, en lugar de escapar de ellos.

Aquí te comparto emociones y sentimientos vinculados al miedo:

- Baja autoestima

- Inseguridad

- Depresión

- Ansiedad
- Desesperación
- Intranquilidad
- Enojo
- Panico
- Timidez

CAPÍTULO 10

EL PERDÓN Y EL RESENTIMIENTO

La falta de perdón y albergar resentimiento es como tragar veneno y esperar que muera la otra persona. El enojo no daña a quien te ofende, te perjudica a ti. Te hiere a ti y a quienes te rodean, ante la impotencia de la amargura en la que vives por vivir con resentimiento y rencor. Los estudios han mostrado que el perdón disminuye el estrés, la depresión y la ansiedad. Cuanto más perdonemos, mejor nos sentiremos.

El perdón implica soltar o abandonar el pasado. A menos que seamos capaces de perdonar a los demás, por lo que pensamos que nos han hecho, no podremos tampoco perdonarnos a nosotras mismas para así experimentar la paz mental que tanto ansiamos.

En mi proceso de sanación interior la primera persona que tuve que perdonar fue a mi misma, ya que fui muy dura conmigo misma. Yo nunca he hablado de una persona tan negativamente como yo me he hablado a mi misma. El segundo, fue a Dios porque yo había abandonado mi fe y cuestionaba mucho a Dios. Luego, le pedí perdón a mi madre, a mis hijos, al padre de mis hijos e hice una lista de todas las personas con las que yo sentía que en algún momento yo había ofendido o le había dejado de hablar por situaciones que pasaron cuando me sentía con tantas heridas de mi pasado. Tuve la oportunidad de pedirle perdón a todas las personas que había puesto en esa lista.

Admití y me responsabilice por todas mis acciones y eso me hizo quitarme una gran carga de encima la cual cargué por mucho tiempo.

Dure muchos años de mi vida resentida conmigo misma, con mis ex-parejas, con algunas ex-compañeras de trabajo, pero gracias a Dios perdone y la verdad que cuando uno perdona se siente uno liberado.

El estar en paz con Dios, con uno mismo y con todas las personas, no tiene precio. El vivir sin resentimiento es muy bonito, nos evita vivir una vida infeliz y amargada.

Aquí te comparto afirmaciones que me ayudaron a mi a perdonar:

- hoy decido perdonar a todo aquel que me hizo daño en el pasado

- toda experiencia es perfecta, para mi crecimiento personal

- bendecir a todas las personas

- el yo perdonarme a mí misma, me facilita perdonar a los demás

- hoy escucho mis sentimientos y soy mas suave conmigo misma

- yo elijo soltar todo dolor y resentimiento

- me perdono a mi misma y me libero

Práctica el arte de soltar, perdonar y dejar ir. Vale la pena perdonar; porque no hay terapia más liberadora que el perdón. No es necesario pedir perdón o perdonar con palabras. Muchas veces basta con un saludo o una sonrisa. Son los mejores signos de perdón. Debemos ser capaces de perdonar y entender que todos estamos aquí en constante aprendizaje.

CAPÍTULO 11

LA ORACIÓN, LA FE Y LA ESPERANZA

Es muy importante cultivar nuestra relación con Dios y una de las mejores maneras para crecer en nuestro camino con Jesus es la oración. Cuando oramos, hablamos con Dios sobre lo que sucede en nuestras vidas, nuestros anhelos, nuestras luchas y nuestros temores. Orar a Dios nos acerca a él. La oración también fortalece nuestra fe y nos llena de esperanzas. Al orar, nuestro deseo más grande debe ser pasar tiempo con Dios y hablarle desde lo más profundo de nuestro corazón. Dios sabe de antemano lo que necesitamos, pero como a todo buen padre, a él le encanta escuchar la voz de sus hijos.

La fe y la esperanza se complementan. La fe se basa en la realidad del pasado; y la esperanza mira la realidad del futuro. Sin fe, no hay esperanza, y sin esperanza no hay fe verdadera. La fe es la total confianza en algo y la esperanza es la expectativa ferviente de creer que algo bueno va a pasar.

La fe produce esperanza, alegría, motivación y paz en nuestra vida. El vivir sin fe y esperanzas es como vivir muerta en vida.

¿Porque tratamos de mover montañas solamente con nuestra propia fuerza, cuando la fe, aunque sea pequeña "como un grano de mostaza", puede ayudarnos a adquirir lo que parecía imposible?" En medio de cualquier batalla, la mejor arma es la oración.

Te deseo que siempre exista una luz de esperanza que llene de tranquilidad tu alma e ilumine el rincón más oscuro de tu corazón.

Que Dios, que da esperanza, las llene de alegría y paz a ustedes que tienen fe en él, y les de abundante esperanza por el poder del Espíritu Santo.

(Romanos: 15:13 DHH)

CAPÍTULO 12

CRECIMIENTO PERSONAL Y LA GRATITUD

Hace 6 años cuando empecé a trabajar en mi crecimiento personal, a través de unos Programas Anónimos que me salvaron la vida. Esos programas me volvieron la fe en Dios y a tener una relación con Dios, a Él le confieso como me siento, que pienso y que me pasa.

Ya no busco a Dios en el cielo, porque sé que él está en mi corazón. Fui yo la que me alejé de él por circunstancias de la vida. Empecé mi crecimiento personal cuando empecé a creer en mí, a quererme y valorarme, cuando deje de culpar a otros de mis propios errores y de responsabilizarme por mis actos.

Deje de basar mi valor en las opiniones de los demás: cuando me deje de comparar con otras mujeres, cuando deje de centrarme en lo que está fuera de mi control, deje de insistir en lo que "podría" haber sido, deje de permitir que el miedo al fracaso me detuvieran en mis planes, deje de tener hábitos tóxicos, deje de negar quien auténticamente soy. Aprendí a alejarme de lugares donde no me siento a gusto.

Además, he aprendido que si quería cambiar tenía que hacer las cosas diferentes y no seguir haciendo lo que he estado haciendo por tantos años esperando resultados diferentes.

Aquí te comparto estas herramientas que te van a cambiar la vida:

1. Autoconocimiento y autoconciencia consiste en conocer todo cuanto podamos acerca de nosotras mismas. Identificar nuestros valores, creencias, nuestra forma de actuar y pensar; detectar los puntos débiles y fuertes.

2. Si te limita, desafíalo porque hay creencias o valores morales que se adhieren a nosotros y aunque sean erróneos nos limitan, no somos capaces de despedirnos de ellos. Lo llamamos zona de confort. Un estado mental que no permite nuestro crecimiento personal y que además se convierte en un hábito.

3. Ten un plan de acción, una vez que hemos definido nuestros objetivos, debemos elaborar un plan de acción donde especifiquemos qué acciones podemos llevar a cabo para iniciar nuestro crecimiento como personas. Sé responsable de tus acciones.

4. Muchas personas actúan de forma impulsiva o sin tener en cuenta las consecuencias de sus acciones. Culpan a otras personas o situaciones de sus propios errores y se victimizan mientras esperan que las cosas cambien por sí solas. No hagas eso. Se responsable con lo que dices, haces y acepta las consecuencias como tal.

Mujer, si quieres ver cambios positivos en tu vida y salir de esa relación tóxica, sana tus heridas emocionales, e invierte en ti. Aumenta tus conocimientos y sabiduría, lee libros, escucha audios, escucha cursos de autoaprendizaje, asiste a retiros espirituales, buscate una buena Coach, etc.

LA GRATITUD

Desde que me despierto en la mañana, le doy gracias a Dios por un nuevo amanecer. Le doy las gracias a Dios por mis 5 sentidos porque tengo oídos para escuchar, olfato para oler, gusto para distinguir sabores, tacto que me permite tocar y la vista que me permite ver. También le doy las gracias por cada parte de mi cuerpo interno y externo.

Aprendí a cuando alguien me agradezca algo, evitar decir "de nada" ya que la gratitud es una energía positiva sumamente poderosa y cuando respondo "de nada", estoy desperdiciando toda mi energía positiva, así que ahora respondo "gracias a ti", "fue un placer ayudarte", o "con mucho gusto".

Aprendí que cuando alguien me haga un regalo, de sonreír, agradecer, darle las gracias, y que no porque me hicieron un regalo, tendría que ir enseguida a comprarle un regalo a esa persona.

Necesitamos ser agradecidas con lo que tenemos para así poder atraer más bendiciones a nuestras vidas. Si nos centramos en la carencia, entonces atraeremos más carencia.

El agradecer disminuye el estrés y la ansiedad, incluso emociones que se consideran tóxicas. También, ayuda a reducir los niveles de dolor físico, ya que dar las gracias se relaciona con liberar dopamina en el cerebro. Lo cual te ayudará a dormir mejor y relajado.

AYUDAR A LAS DEMÁS PERSONAS

Desde que empecé con mi transformación le pedí a Dios que me ayudara y que me guiara a ayudar a otras mujeres que han pasado por violencia doméstica.

También el ser voluntaria, llevarle comida a los desamparados, visitar un enfermo, visitar a los ancianos, servir en ministerios, asistir a clases bíblicas también me han ayudado mucho en mi crecimiento personal y espiritual. La verdad que el servir da una satisfacción muy bonita y nos hace sentir útiles.

Beneficios al ayudar a los demás incluyen:

- Aumenta el autoestima

- Disminuye los niveles de estrés

- Te hace sentir útil

- Haras feliz a las personas que más lo necesitan

- Recibes mas

- Tendras mas energia y serás más optimista

- Te convertirás en una persona más sociable

- Despierta la gratitud

- Fortalece nuestros vínculos

- Aumenta el sentido de pertenencia

De nada sirve ser luz propia si no vas a iluminar el camino de los demás.

CAPÍTULO 13

MI NIÑA INTERIOR

Nuestra niña interior representa la parte de nosotras mismas que guarda intacta las experiencias buenas o malas que vivimos en nuestra infancia. Mi niña interior guardaba muchas creencias limitantes que las acepté porque no conocía, ni sabía otra cosa. Algunas heridas me obligaron a construir máscaras donde aparentaba ser feliz, cuando en realidad no lo era.

Mi niña interior también guardaba tesoros increíbles, ya que me recordó y me mostró la potencialidad de aquello que vine hacer al mundo, que soñaba de pequeña, aquellas cosas que solo pude experimentar cuando fui capaz de conectarme con la existencia plena.

Cuando yo empecé a rescatar mi niña interior yo escribí y dividí mi vida en 3 etapas:

1. De 0 hasta mis 7 años

2. De mis 7 años a mis 14 años

3. De mis 14 años hasta mi edad actual

Ahi escribi mi historia de toda mi vida, escribí de mis momentos felices, de los momentos más difíciles de mi vida, de cómo me sentía, como me hacían sentir los demás, qué me afectó mi autoestima, como viví mi niñez, que me gustaba de niña, que soñaba que no pude lograr y lo que pude lograr.

Cuando decidí rescatar a mi niña interior sentía sentimientos encontrados. Ahí tuve que escribir los traumas que yo había vivido en mi pasado y eso fue muy doloroso recordarlo, yo lloraba pero al mismo tiempo sabía que al escribir todo eso, iba ayudar a rescatar a mi niña interior.

Al escribir mi historia comprendí porque me sentía, actuaba y pensaba de esa manera. Identifique mis virtudes y mis defectos de carácter. Trabaje en cada uno de mis defectos de carácter y sigo reforzando mis virtudes. También identifique en qué ocasiones yo culpaba a los demás de mis propios errores y a responsabilizarse por ellos.

Aprendí a soltar los resentimientos, a perdonar y sanar mis traumas del pasado.

Muchos de nuestros problemas de relación están directamente ligados a esa niña interior que creció en un ambiente disfuncional y no tuvo adecuadamente satisfechas sus necesidades de afecto, atención y apoyo. Debido a eso nos convertimos en adultos con mayor tendencia a estar en relaciones abusivas.

Aquí te comparto herramientas que te ayudaran a rescatar tu niña interior:

- Recuerda cómo eras de niña y lo que querías

- Dejar ir el pasado

- Cumple ese sueño que abandonaste

- Vuelve a jugar

- Permítete maravillarte con algo

- Dejate consentir de tus padres

- Haz algo creativo

- Diviertete como una niña

- Amate incondicionalmente

Si crees que necesitas una terapeuta, ayuda psicológica o una persona con experiencia sobre este tema aquí te comparto mis datos para que me puedas contactar y empecemos a trabajar hacia tu crecimiento personal que te van a cambiar la vida. Recuerda que no estás sola permíteme acompañarte en tu caminar de la oscuridad a la luz.

Te invito a que rescates a tu niña interior y veras como cambiara tu vida.

Recuerda que la felicidad se puede encontrar, incluso en los tiempos de mas oscuridad, si solo recuerdas encender la luz. Todas las respuestas que buscas las tienes encerradas en tu limpia y pura niña interior.

CAPÍTULO 14

PERLA DE DIOS

Mujer, eres una perla de Dios, reconoce tu valor y amate. Eres una mujer maravillosa creada por Dios. Dios te regalo virtudes y talentos, usalos con las cosas de él y serás bendecida.

La presencia de Dios es la que embellece tu cuerpo. Dios sabe que es lo perfecto para ti, tu valor no está en tu cuerpo, está en tu corazón. No cometas el error que yo cometí por mucho años, de compararme con las demás, no te compares con nadie, tu eres única, cuando te comparas pierdes tu valor y le das el valor a la otra persona. Recuerda que Dios fue quien te creó, a su imagen y semejanza, en el vientre de tu madre.

El día que conocí como Dios me ama empecé a vivir una vida nueva. Aprendí a que yo soy una hija de Dios, que él es misericordioso y que no importa lo que yo haya hecho en el pasado, no tengo porqué cargar con eso por el resto de mi vida. Porque como existe el pecado, también existe el arrepentimiento, el perdón y la confesión. Muchas cosas nos desvían de lo que Dios quiere para nosotras pero nunca es tarde de querer tomar un nuevo camino.

No me cabe la menor duda que si yo aun sigo viviendo es porque Dios tiene un propósito para mi y porque el me ama.

Continuaré trabajando y descubriendo los dones que Dios me ha regalado. Todos los días le pido a Dios que me siga guiando hacia lo que él quiera que yo siga haciendo para ayudar a otras personas. Haré su voluntad y no la mía.

Tu corazón seguirá inquieto hasta que no conozcas a Dios, porque la belleza de Dios es lo que en realidad embellece el rostro de una mujer.

Si soportas a un hombre que no te ama y te maltrata estas menospreciando el valor que Dios te dio como mujer.

No aceptes migajas de amor. Es el momento de dejarlo y valorarte. Recuerda que fuiste creada para cosas muy grandes.

Nunca olvides tu gran valor. Eres amada, cuidada, protegida, una princesa valiosa, virtuosa, fuerte, capaz y decidida. Eres el reflejo de Dios, nunca dejes de sonreir sin importar las adversidades. Confia y sonrie en medio de la tormenta. Recuerda eres una perla preciosa de Dios, tienes un valor incalculable.

No permitas que la tristeza te consuma. Dios tiene una llave para cada puerta que se cierra. Una solución para cada problema. Una luz para cada sombra. Un alivio para cada dolor. Y una bendición para cada dia.
(Isaias 41:10)

CAPÍTULO 15

LOS PADRES

Es muy importante conocer la historia de nuestros padres, si no la saben, hablen con ellos y preguntenle de cómo fue su niñez, como fueron criados. ¿Acaso tuvieron que dejar sus estudios, para trabajar y ayudar a mantener a la familia? ¿Acaso tuvieron ellos que tomar responsabilidades que no le correspondía a ellos?,porque quizás sus padres eran muy pobres y tuvieron muchos hijos que mantener. ¿Acaso sus padres le demostraron amor y comprensión? ¿Podían ellos expresar lo que sentían? ¿Alguna vez has pensado si tus padres recibieron un beso de sus padres y si alguna vez le dijeron un te quiero?

Antes de juzgar a nuestros padres es bueno saber sus historias, ellos hicieron lo mejor que pudieron con el conocimiento y la experiencia que ellos tenían en ese momento. Muchos padres tienen heridas emocionales y no han sanado. Lamentablemente nunca la sanarán, pero eso no quiere decir que tengas que seguir ese mismo patrón o repetir la misma historia que vivieron ellos.

Con mi madre hice un trabajo maravilloso, yo le dije que me hablara de su niñez, y de su pasado ahí me di cuenta que ella sufría de todas las heridas emocionales, en especial la del abandono. Con esa conversación que tuvimos me di cuenta el porqué ella había permitido muchas cosas en su matrimonio. Le pedí perdón porque reconozco que a veces no tengo mucha paciencia con ella y le pido a Dios, todos los días que me de entendimiento y sabiduría para comprenderla mejor.

Con mi padre llevo una muy bonita relación, nos queremos y nos respetamos mutuamente. También él me ha contado su historia, de su niñez y de cómo crecieron en una familia de 15 hijos, siendo una familia pobre. Desde la edad de sus 6 años él tuvo que trabajar en la agricultura con su padre y al mismo tiempo ir a la escuela.

Les recomiendo que valoren a sus padres mientras los tengan vivos. Te invito a que le brinden mucho cariño, y expresale lo mucho que los quieres. Si vives lejos llamalos y déjale saber cuánto los quieres.

Por ejemplo: Yo no tengo que esperar el cumpleaños de mi madre o el día de las madres para regalarle flores o darle un regalo, yo se lo regalo cualquier día del año.

Y a mi padre que está fuera del país, lo llamó para ver cómo está y antes de despedirme le dijo "bendición papi, lo quiero mucho".

Si tienes la oportunidad dale las gracias a tus padres, ya que gracias a ellos existes. Agradécele por todo lo que han hecho por ti, bendícelos. Haz todo lo posible por estar con ellos, amarlos como si fuera tu ultimo dia y disfruta todo lo que puedas hoy, sin dejarlo para más tarde. No dejes para mañana lo que podrías hacer hoy. Si tus padres ya fallecieron, ora por ellos, si te es posible llevale flores y habla con ellos, siempre te escucharán y te guiarán por el buen camino.

CAPÍTULO 16

LOS HIJOS

En el año 2000 yo quedé sola con mis 3 hijos. Hice lo mejor que pude con el conocimiento y la experiencia que tenía para sacarlos adelante.

Yo quería que mis hijos se criaran con su padre, pero no era sano, ni para mi, ni para ellos que yo permaneciera en esa relación, porque era una relación muy abusiva y violenta. Le hubiese hecho más daño el yo permanecer en esa relación y quizás no les estuviera contando esta historia a ustedes. Por muchos años mis hijos me veían muy triste, amargada y resentida porque todavía no había sanado mis heridas del pasado.

Cuando los hijos están viviendo en un hogar que sufre de violencia, crecen con traumas, con ansiedades, inseguridades y con miedo. Ellos se dan cuenta de todo, escuchan todo y lo más grave es que graban todo. Cuando yo discutía con el agresor no tomábamos en cuenta si los niños estaban presentes o no, porque nos llevábamos de la ira y el enojo. Mis dos hijos mayores me cuentan que ellos se sentían impotentes de no poder ayudar en la situación de nosotros, porque ya sabían que iba a haber maltrato físico y mental. Especialmente mis dos hijos mayores presenciaron mucho maltrato.

Cuando los hijos crecen en un hogar disfuncional sufren mucho y traen heridas del pasado que necesitan sanar porque si no curan esas heridas las van pasando de generación en generación. Si ellos quieren tener relaciones saludables y darle buena educación a sus hijos/as deben sanar porque si no sanan, pueden repetir lo mismo que ellos vivieron. Lo que no se trabaja no se sana y si no se sana no habrá crecimiento personal, ni relaciones sanas. Muchas veces los hijos usan el silencio, prefieren no hablar para evitar un conflicto y eso les hace mucho daño.

Recuerdo que yo quería darle todo a mis hijos, porque al yo criarlos sola, yo quería darle todo lo que estuviera a mi alcance.

Una de las cosas por las que sufrieron mucho mis hijos era cuando les decían que los iban a recoger para ir a pasear y ellos se quedaban plantados, a veces se quedaban mirando por la ventana pero nunca llegaba, eso me partía el alma.

Gracias a Dios tuve la oportunidad de pedirle perdón a cada uno de mis hijos porque me sentía culpable porque fueron muchos los años que yo me la pase del trabajo a la casa y de la casa al trabajo. Cuando llegaba del trabajo, como siempre estaba deprimida me encerraba en mi habitación. Quizás ellos muchas veces querían hablar conmigo y yo estaba sumergida en mi depresión. Me la pasaba sin fe y sin esperanzas de que las cosas pudieran cambiar. Reconocí dónde había fallado con ellos y les pedí perdón y tomé responsabilidad por mis acciones.

SOBRE LA AUTORA

¿QUIÉN ES ELIZABETH?

Nací en la ciudad de Nueva York, el 11 de diciembre. Ocupó el segundo lugar de tres hijas que procrearon mis padres. Además tengo 2 bellas hermanas y 2 bellos hermanos por parte de mi padre. Mis padres solo llegaron a la escuela primaria. Mis abuelos paternos procrearon 15 hijos y mi padre tuvo que dejar sus estudios para trabajar en la agricultura con su padre y sus hermanos. Mi madre vivía con una hermana y ella la quitó de la escuela porque se encontró que un profesor estaba enamorado de ella. Mi madre sufrio de abandono porque ella quería vivir con sus padres pero una hermana de ella insistió para que la dejaran vivir con ella.

A mis 11 años, mis padres deciden que nos íbamos a mudar para la República Dominicana y que viviríamos en la casa de mis abuelos hasta que él comprara o alquilara una casa. No fue fácil adaptarnos a vivir y asistir a la escuela en la República Dominicana, ya que habíamos nacido y crecido en la ciudad de Nueva York. Teníamos que caminar muy lejos para ir a la escuela y hacía mucho calor.

Mientras vivimos con nuestros abuelos, mi madre era la que tenía que cocinar y no en estufa, sino al carbón. Mis hermanas, primas y yo era la que teníamos que hacer todos los quehaceres de la casa. Ahí aprendimos a cocinar, a limpiar, a planchar, desde una edad muy joven. Me gustaba mucho jugar con mis primos cuando iban a visitar a nuestros abuelos, jugábamos mucho a las escondidas. Fui una excelente alumna y sacaba muy buenas notas. En la primaria era muy buena jugando voleibol. Me gustaba jugar a la secretaria, llenando papeles, recuerdo que yo agarraba los papeles del banco para simular que era una secretaria.

A la edad de 12 años conocí a un joven del cual yo me enamore, tuvimos amores escondidos porque mis abuelos eran muy estrictos. A los 13 años, hablamos con mi padre para pedirle mi mano, mi padre aceptó porque él lo conocía y sabía que era un hombre trabajador. A los 14 años me escapé con mi novio y a las dos semanas contrajimos matrimonio.

Abandoné mis estudios porque me dediqué a trabajar y a formar una familia.

Llegué a trabajar en una factoría, por 5 meses y desde ahí decidí seguir estudiando. Pasé el examen de equivalencia del bachillerato e hice unos cuantos créditos en la universidad, hice cursos de computadoras para sacar mi licencia para trabajar de Secretaria en las escuelas públicas de Nueva York.

Mi salud se vio afectada por muchos años, sufrí por más de 20 años de endometriosis qué es un trastorno en el que el tejido que normalmente recubre el útero crece fuera de él y produce unos dolores terribles. Gracias a Dios en el año 2013 una enfermera practicante me diagnosticó por lo que yo había sufrido por tantos años y a través de una cirugía fui curada.

Hoy en día me siento una mujer feliz, agradecida y positiva. Amo a la vida, me encantan los colores y disfruto de la naturaleza. Gracias a Dios por todos los milagros que ha hecho en mi vida y que pude salir de esa relación antes de que fuera demasiado tarde. Me quiero, me valoro y me respeto a mi misma porque sé quien soy y reconozco mi valor. Me miro al espejo y digo afirmaciones positivas. Me levanto con una sonrisa en mi cara dándole gracias a Dios por un nuevo amanecer.

Disfruto y aprovecho cuando estoy sola, ya sea leyendo un buen libro, escuchando alabanzas, escuchando videos de autoayuda o alguna otra cosa que disfrute hacer. Tengo muchas herramientas que he aprendido, porque puedo caer mil veces pero lo importante es levantarme cada vez con más fuerza.

Soy una mujer más agradecida, le doy gracias a Dios por la vida y por el aire que respiro. Hoy en día tengo muchos deseos de vivir la vida a plenitud.

Sé que tú también puedes ser feliz, que puedas reconocer tu valor y lo hermosa que eres. Cree en ti, como yo ya creo en ti.

Made in the USA
Columbia, SC
19 October 2024